AF189660

Hans – Georg Wigge

Was ein Kind braucht

Ein Plädoyer für alle Kinder der Erde in Gedichten und Gedanken

Titelbild: Norbert Schulze
Copyright 2019 by Hans – Georg Wigge
ISBN: **9783748170846**
Herstellung und Verlag: BoD – Books on Demand, Norderstedt

1

Inhaltsverzeichnis:

Was ein Kind braucht

Ein Kind braucht Geduld und Geborgenheit,
ein Kind braucht Umarmen und sehr viel Zeit.
Ein Kind braucht die zarte Hand, die es führt,
ein Kind braucht die Wärme, die Seelen berührt.
Ein Kind braucht zu essen, egal wo es wohnt,
ein Kind braucht das Wissen, das Leben sich lohnt.
Ein Kind braucht Bildung, um selber zu gehen,
ein Kind braucht Lob, um aufrecht zu stehen.
Ein Kind braucht Vorbild, verantwortungsbewusst,
ein Kind braucht Spiele voll Freude und Lust.
Ein Kind braucht Tänze und ganz viel Musik,
ein Kind braucht Ermutigung und wenig Kritik.
Ein Kind braucht Vertrauen, denn dann ist es stark,
ein Kind braucht Verständnis an jedem Tag.
Ein Kind braucht Begleitung ins Leben hinein,
ein Kind braucht Erkenntnis besonders zu sein.
Ein Kind braucht den Sinn, wenn es Leere verspürt,
ein Kind braucht den Mensch, der zu Jesus es führt.
Ein Kind braucht nicht Horte, Konsum und viel Geld,
ein Kind braucht Eltern, bei denen es zählt.
Ein Kind braucht Beachtung und unendlich Zeit,
ein Kind braucht Antwort auf Glück und auf Leid.
Kein Kind auf der Welt wächst durch Hass oder Hiebe,
ein jedes Kind braucht bedingungslos Liebe.

Blümlein Gottes (Down-Syndrom)

Lachst und weinst, nimmst in den Arm,
bist ein Schlitzohr voller Charme.
Was du denkst, sagst du sofort,
ganz egal an welchem Ort.
Lebst in deiner kleinen Welt,
schielst auf Ruhm nicht oder Geld.
Singst, wenn dir nach Singen ist,
bist ein Lebensoptimist.
Drücken ist für dich ein Muss,
verteilst voll Sanftmut Kuss um Kuss,
kannst auch ganz schön bockig sein,
holt dich mal der Starrsinn ein.
Doch es fehlt die Energie
durch die Sucht nach Harmonie,
lange hältst du niemals aus,
Lachen kehrt zurück ins Haus.
Du bemerkst, wenn jemand starrt,
das trifft deine Seele hart.
Welt, die in die Kälte schlindert,
wer ist eigentlich behindert?

Mein Kind

Wertvoll ist die Zeit mit Kindern,
rücke sie ins helle Licht,
denn von Gott gegebene Gaben
siehst du sonst bei ihnen nicht.

Lob, auch für die kleinste Leistung,
ist ein Ansporn für dein Kind,
statt die Dinge zu bemängeln,
die oft völlig sinnlos sind.

Zeige Richtung, forme Herz,
doch nicht mit der Zange,
denn die Zeit, die du betreust,
dauert nicht grad lange.

Pflege sorgsam schöne Blüten,
pflanze, säe, hege,
schau nicht auf das Unkraut nur,
dort am Kindeswege.

Bedingungslos sei deine Liebe,
nimm dir Zeit für hoch und tief,
suche, fördere, unterstütze,
ist das Bild auch manchmal schief.

Tragt gemeinsam die Probleme,
denn zu zweit ist's halb so schwer,
wenn sie erst ins Leben gehen,
gibt es keine Umkehr mehr.

Kind, du bist das größte Wunder,
danke, dass du bei uns bist.
Lass uns nie die Zeit vergeuden,
weil sie viel zu wertvoll ist.

Segensgedicht zur Geburt

Willkommen kleines Menschenkind
auf dieser schönen Erde.
Wir reihen dich voll Freude ein
in Gottes Schäfchenherde.

Im Himmel ist ein Freudenfest,
denn du bist nun geboren.
Den Engel, der dich schützen soll,
hat Gott schon auserkoren.

Er soll dir Weisheit, Freude, Kraft
und ganz viel Liebe schenken.
Er soll dich treu und unentwegt
auf gute Wege lenken.

Er soll die Schönheit dieser Welt
dir täglich nahe bringen.
Er soll die Melodie des Herrn
in deine Seele singen.

Er soll dich schützen Tag und Nacht
auf allen deinen Wegen.
Er soll dir Schirm und Hüter sein
bei jedem Lebensregen.

Verwöhnen wollen wir dich bald
und viele Dinge machen.
Wir wollen lesen, singen, tanzen
und lauthals mit dir lachen.

Wir danken Gott, dass es dich gibt,
willkommen liebstes Kind
und freuen uns, dass wir bei dir
die Wegbegleiter sind.

Es möge dir in dieser Welt
das Beste nur begegnen
und allezeit soll dich der Herr
mit reichem Segen segnen.

Lobgesang

Schau auf die Milliarden Sterne
dort am schwarzen Himmelszelt,
schau auf Gottes große Schöpfung,
diese liebenswerte Welt.

Riech die Luft am Frühlingsmorgen
nach der dunklen Winterzeit,
dann ahnst du schon unter Tage
Blumen für das Licht bereit.

Nimm dir eine Handvoll Erde,
reibe sie und riech daran,
weil man Tod und neues Leben
in dem Duft erkennen kann.

Sieh die Vögel in den Lüften,
wie sie tanzen dort im Wind,
hör, wie sie den Schöpfer preisen
und voll schönster Lieder sind.

Schau wie Gott sich mit uns mühte,
weil er seine Schöpfung liebt.
Trotzdem sucht man nach Beweisen,
dass es diesen Gott nicht gibt.

Wissenschaftler, Forscher, Tüftler,
die Genialen dieser Welt,
schaffen nicht den kleinsten Krümel,
dessen, was Gott aufgestellt.

Nur die Kinder sind noch offen
für die Wunder, die er schenkt,
weil ein Kind, statt wissenschaftlich,
noch mit seinem Herzen denkt.

Davon etwas zu bewahren
auf dem Weg durch diese Zeit,
garantiert uns alle Tage
Freude und Zufriedenheit.

Kindergarten

In einem Kindergarten sind Pflanzen vieler Art,
sie brauchen einen Gärtner, der nicht am Dünger spart.
Der Dünger ist die Liebe, die kleines Herz ergreift
und reichlich angewendet, das ganze Leben reift.
Der Dünger ist das Helfen, das kleine Hände rührt
und reichlich angewendet, zur Nächstenliebe führt.
Der Dünger ist das Singen, das jedes Pflänzlein liebt
und reichlich angewendet, viel Spaß am Leben gibt.
Der Dünger ist das Tanzen, das kleine Füße treibt
und reichlich angewendet, den Rhythmus einverleibt.
Der Dünger ist das Spielen, das Phantasie ernährt
und reichlich angewendet, im Leben wird zum Wert.
Der Dünger ist das Teilen, das hilft auf dieser Welt
und reichlich angewendet, die Erde neu erhellt.
Der Dünger ist das Beten, das kleine Seelen trägt
und reichlich angewendet, das ganze Leben prägt.
Es gibt so viele Pflänzchen, ob schwarz, ob gelb, ob weiß,
um Blüten zu bewundern, da lohnt sich großer Fleiß,
denn sorgsam aufgezogen, geliebt, gehegt, gepflegt,
wird so in jedes Pflänzchen ein guter Keim gelegt.

Menscheinander

Der Silberstreifen dieser Welt
befindet sich wohl nur im Geld.
Wohin man hört, wohin man schaut,
man jammert und beklagt sich laut.

Besitz und Geld ist erstes Thema,
wer anders ist, passt nicht ins Schema.
Es ist die Zeit voll Überfluss,
doch ohne Ziel ist der Genuss.

So jagt man nach dem nächsten Kick,
verliert das Wahre aus dem Blick.
Bei Kindern, Zukunft dieser Welt,
ruft mancher: „Nein, die kosten Geld"!

So bleiben sie oft ungeboren,
als Wunder für die Welt verloren.
Wie wertvoll ist statt all dem Tand
die Wärme einer Kinderhand.

Wie wertvoll ist statt all dem Streben
den Allerkleinsten Heimat geben.
Denn alle Menschen werden alt
und Jagd nach Geld macht Seelen kalt.

Allein und einsam sitzt man dann
und schaut die vielen Dinge an,
die man im Leben angehäuft
und wie der Sand der Sanduhr läuft.

Wer voller Liebe lebt sein Leben,
für den wird's Menscheinander geben,
der weiß, was wirklich Leben heißt
und hilft dem Nächsten, der entgleist.

Der hört auf Jesus, der da spricht,
ich bin die Wahrheit und das Licht,
erhält Gewissheit für sein Leben
nur Jesus kann uns Frieden geben.

Rohdiamant

Deine Augen blitzen, strahlen,
deine Hände reden mit,
sprudelst ohne Punkt und Komma,
kommentierst ganz ohne Schnitt.

Kleiner Zwerg, ich hör dich gerne,
deine Welt ist wunderbar,
alle Wunder dieser Erde
machst du mir tagtäglich klar.

Seit du da bist ist mein Leben
voller Sinn und bergseetief,
manchmal scheint es, dass ich vor dir,
wie der Bär im Winter schlief.

Doch dann tratst du in mein Leben,
welch ein Glück, ich danke dir,
täglich darf ich für dich sorgen,
Reichtum schenkst du mir dafür.

Wo ich blättere, was ich öffne,
Bilder voller Farbenpracht
und aus jeder kleinen Ritze,
Lebensfreude, die laut lacht.

Lass mich dich ganz feste drücken,
denn wie schnell bist du schon weg.
Komm, wir wollen Unsinn machen
ohne Sinn und jeden Zweck...

Irgendwann wirst du dann gehen
und ein Stück geht mit von mir,
suchst den Weg ins eigene Leben,
doch weit offen bleibt die Tür.

Meines Hauses, meines Herzens,
das dein Kindersingen liebt,
und mir bleibt nur den zu preisen,
der uns seine Kinder gibt.

Wirbelwind Gottes

Wenn Stille mal von Nöten ist, dann machst du ganz
laut Krach
und legen wir dich später hin, dann wirst du früher
wach.
Kriegst du mal deinen Willen nicht, dann beißt du in
Beton
und rufen wir: „Nun bleib doch hier", dann läufst du
rasch davon.
Erzählen wir, was du schon kannst, dann kannst du
gerade nicht.
Ist mancher Tag auch dunkelgrau, durch dich scheint
helles Licht.
Hat jemand gerade aufgeräumt, dann spielst du
einfach Sturm.
Dreh ich mich für Sekunden um, verspeist du einen
Wurm.
Erschallt dein Ruf um vier Uhr früh, steh´ ich nicht
gerne auf.
Doch lachst du mich voll Liebe an, dann nehm´ ich das
in Kauf.
Ist deine Windel gerade neu, machst du sie wieder voll
und schmeißt du deine Tasse um, ist das für dich nur
toll.

Du fragst uns nach dem Sinn der Welt, nach Leben
und nach Tod.

Doch gibst du oft die Antwort mit, bringst selber dich
ins Lot.

Fällst du auch hin, ich fange dich und du tust das mit
mir

und Gott gibt Kraft für jeden Tag, beginnt er auch um
vier.

Wenn du auch vieles besser weißt und machst und
meinst und denkst.

Dann nehme ich das einfach hin, weil du mir so viel
schenkst.

Denn kurz ist nur die Zeit mit dir, drum nutzen wir sie
aus.

Gott sandte uns dein lautes Glück in unser stilles
Haus.

Kinder ohne Kindheit

Wir gleiten über Teppichflor, meist gedankenlos,
Kinder ohne Kindheit werden knüpfend groß.
Kaffee mit den Freunden trinken wir sehr gern,
Kinder ohne Kindheit ernten von uns fern.
Wir kaufen billig Waren, woher ist einerlei,
Kinder ohne Kindheit sind deshalb niemals frei.
In den Slums der Städte, leben sie im Dreck,
Kinder ohne Kindheit, schweigend schaut man weg.
Missbraucht von Pädophilen, ein Leben lang
beschmutzt,
Kinder ohne Kindheit, Armut ausgenutzt.
Auch in deiner Nähe, durch Drogen kurz beglückt,
Kinder ohne Kindheit, vom Leistungszwang erdrückt.
Hört die stummen Schreie der Kinder dieser Welt,
erhebt für sie die Stimme, denn jede Stimme zählt.

Wundergabe

Menschen hoffen auf ein Wunder,
suchen tolle Dinge,
jagen nach dem großen Glück,
dass der Wurf gelinge.
Doch das allergrößte Wunder,
es gibt kein Maß zu messen,
ist ein Kind im Arm zu halten,
doch das wird oft vergessen.

Wahre Kunst

Du hast ein buntes Bild gemalt,
es mir geschenkt, mich angestrahlt.
Tagtäglich wirfst du Liebeslassos,
dein Bild ist mehr wert als Picassos.
Gefundene Steine, die du schenkst,
beim Suchen schon ans Schenken denkst,
die sollen mir sehr wertvoll sein,
viel mehr als jeder Edelstein.
Mit deiner kleinen Kinderhand,
die tausend tolle Dinge fand,
füllst du mir täglich alle Taschen,
oft werden sie auch mit gewaschen.
Ob Steine, Schrauben, ob dein Bild,
du hast mein Herz mit Gold gefüllt,
weil deine Gaben ehrlich sind,
so ehrlich, wie man ist als Kind.

Wort - Schatz

Du bist völlig unverbogen,
sagst die Dinge, wie sie sind,
kommst nicht heuchelnd her gelogen,
da bist du mir Vorbild, Kind.
Du erfindest neue Worte,
lässt mich staunen jeden Tag,
sprich noch viele dieser Sorte,
weil ich neue Worte mag.
Statt Mittagessen Mittagtrinken
erfindest du zu meinem Spaß,
den Pechpilz lässt du traurig winken,
zerbricht beim Trinken dir ein Glas.
Im Schmunzelsumpf sitz ich voll Wonne,
wenn dich der Heißdurst heftig quält,
statt Vollmond liebst du mehr Vollsonne,
hast du mir heute stolz erzählt.
Du sagst mit braun verschmiertem Mund,
tust ehrliche Entrüstung kund,
dass das nicht Überraschung sei,
viel mehr wohl ein Enttäuschungs-Ei.
Du spielst mit Worten jeden Tag,
was ich als Wortverliebter mag,
der freudig seinen Bleistift zückt,
hast du ihn wieder mal beglückt.
Voll Freude schaue ich dich an,
weil ich es fast nicht fassen kann
und es mir meine Kehle schnürt,
wie Gott in Kindern uns berührt.

Veredelung

Mein liebes Kind, mir wurde klar,
als ich die Lebenssteine sah,
die wir zu zweit gesammelt haben
um sie im Herzen zu vergraben,
gehst du den Lebensweg alleine,
dann werden daraus Edelsteine.

Paulinchen heute

Natascha war allein zu Haus,
die Eltern waren beide aus.
Sie gingen schon am Morgen fort
zu ihrem Geldbeschaffungsort.

Natascha hatte tausend Sachen,
doch niemand, um mit ihr zu lachen.
Natascha war allein zu Haus,
die Eltern waren beide aus.

Nach harter Arbeit ging's zum Sport,
Termine drückten im Akkord.
Natascha war nicht gern allein,
Natascha lud sich Freunde ein.

Ein weißes Pulver kam ins Spiel,
mit einer bösen Sucht als Ziel.
Natascha spürte großes Leid,
doch niemand hatte für sie Zeit.

Den Eltern, bei der Sucht nach Leben,
galt Reichtum nur ihr ganzes Streben.
Natascha ging alleine aus,
kam selten noch ins Elternhaus.

Dann eines Tages blieb sie fort,
vom kalten Luxussammelort.
Natascha machte sich davon
und lebte bald von Liebeslohn.

Natascha war des Lebens müde
und ihrer Jagd nach etwas Liebe.
Natascha ist sehr jung zerbrochen,
es blieben Venen nur - zerstochen.

Natascha machte gestern Schluss
mit einem letzten goldenen Schuss,
weil sie nicht einen Menschen fand
mit großem Herz und Helferhand.

Die Eltern sind allein zu Haus,
Natascha bleibt für immer aus
und ihre Tränen fließen
wie's Bächlein auf den Wiesen...

Mehr Zeit für Kinder

Ich kauf dir kein Electrocar
und schenke dir kein Pferd.
Ich schmeiß dich nicht mit Spielzeug zu
vieltausend Euro wert.
Doch in die Arme nehm ich dich
und habe für dich Zeit,
ich hör dir zu und tröste dich,
bedrückt dich großes Leid.
Wenn ich dann alt bin
und du längst
das Haus verlassen hast,
dann merken wir, wir haben Glück
an keinem Tag verpasst.

Kinderarbeit

Kai, der teilt die Zeitung aus und das Werbeblättchen.
Ines hat sehr selten Zeit, denn sie jobbt im Lädchen.
Markus steht am Wochenende hinter einer Kasse.
Karin hütet Kinder gern, findet Babys Klasse.

Xian näht den Markenschuh, fast zwölf Stunden täglich,
ohne Pause, ohne Rast und der Lohn unsäglich.
Petro färbt die T-Shirts ein, alles Markenwaren,
sorgt für den Familienclan, das schon mit zehn Jahren.

Carmen gibt die Kindheit auf beim Orangenpflücken,
Rahmi hämmert Steine klein, zerstört sich seinen Rücken.
Leon näht den Lederball, hat die Finger wund,
denn es bleibt ihm keine Wahl, nur ein leerer Mund.

Kai, der kauft den Markenschuh, den Xian täglich näht
und Ines hat ein T-Shirt an, auf dem nicht Petro steht.
Markus isst Orangenfleisch von Carmens Hand gepflückt
und Karin schenkt den Lederball, der Leons Kindheit drückt.

Aktien im Höhenflug, das Wirtschaftswachstum steigt.
Dinge, die man jeden Tag in den Medien zeigt.
Kinderrücken, klein und krumm, die will niemand sehen,
denn der Mammon lässt den Mensch sich um sich selbst
nur drehen.

Schlaflos

Der Mensch, wenn er mal schlafen darf,
braucht jede Nacht sechs Stunden Schlaf.
Das kann man in den Büchern lesen
im Ratgeb- und Gesundheitswesen.

Doch was der Mensch mit Baby braucht,
das ihn des Nachts unendlich schlaucht,
wird wohl in keinem Buch gefunden,
denn Schlaf gibt's höchstens mal zwei Stunden.

Das Baby, welches nachtaktiv
mit Schreien nach den Eltern rief
ist morgens trotzdem froh und munter,
nur Eltern klappen Lider runter.

Mit schwarzumrandet, müden Augen,
lässt man das Kind am Fläschchen saugen
und denkt, was haben's andere gut,
verliert an manchem Tag den Mut...

Doch lächelt dich das Mäuschen an
und glitzert weiß der eine Zahn,
dann schmilzt das Herz, wie Eis am Stiel,
beseitigt rasch das Neidgefühl.

Auf die, die vielmehr Ruhe kriegen
und wenn du tröstest, friedlich liegen.
So rennst du weiter Nacht für Nacht,
für den Moment, wenn's Baby lacht.

Der Nachwuchs zeigt dir wahre Werte,
bringt dich auf die Gedankenfährte:
Statt Reichtum, Luxus, Yacht im Hafen,
wärst du schon froh, mal durchzuschlafen.

Unikate

Hannes sollte Häuser bauen,
Tina sollte Menschen trauen,
Arno sollte Bälle halten,
Svenja Räume umgestalten,
Frieder sollte Menschen heilen,
Max der Ärmsten Nöte teilen,
Paula sollte Musik machen,
Ines über Kranke wachen,
Moritz sollte Kinder lehren,
Karla Trost und Hoffnung mehren,
Dina sollte Krieg verhindern,
Karim Not und Elend lindern,
Eva sollte Menschen leiten,
David durch den Schmerz begleiten,
Wanja sollte Raumschiff fliegen,
Martha bei Olympia siegen.
Gott schuf sie, die Welt zu lieben,
alle wurden abgetrieben...

Irgendwann

Irgendwann legst du das letzte Mal mit deiner kleinen Hand deine Puppe in den Puppenwagen.

Irgendwann schaukelst du das letzte Mal singend auf der roten Schaukel.

Irgendwann schenkst du mir mit strahlendem Lächeln dein letztes selbst gemaltes Bild.

Irgendwann fragst du mich zum letzten Mal: „Kannst du mir mal helfen"?

Irgendwann rufst du zum letzten Mal Albtraum gequält: „Papa, komm schnell"!

Irgendwann spielen wir zum letzten Mal gemeinsam Ball.

Irgendwann lese ich dir zum letzten Mal aus einem Buch vor.

Irgendwann lernen wir zum letzten Mal zusammen Vokabeln.

Irgendwann knallst du zum letzten Mal hinter dir die Tür zu.

Irgendwann werde ich mir wünschen geduldiger gewesen zu sein.

Irgendwann werde ich bereuen, nicht noch mehr Zeit mit dir verbracht zu haben.

Irgendwann wirst du uns verlassen, irgendwann wird es still im Haus.

Irgendwann werden die Erinnerungen zur Freude des Alters...

Sucht

Liebe suchte einst ein Kind,
es fand nur Lebensscherben.
Anerkennung suchte es,
man ließ im Keim sie sterben.
Vertrauen hätte es gebraucht,
doch brüchig war das Eis.
Geborgenheit und Zärtlichkeit
gab es um keinen Preis.
Liebe suchte sich ein Kind,
jedoch in falschen Kreisen.
Anerkennung fand es dort,
bei „seinen Mut beweisen".
Vertrauen gab es scheinbar dort,
als Tröster Alkohol.
Doch diese Art Geborgenheit
verkam zum Pseudowohl.
Nur starke Kinder sagen nein
und dürfen Siege buchen,
starke Kinder fanden Liebe...
vielleicht kommt Sucht von suchen?

Neugeboren

Rütteln an der Decke, Hektik plötzlich groß,
Kind drängt auf die Erde, Lebensweg geht los.
Schnee und glatte Straße, Streufahrzeug voraus,
sonst ein ruhiger Fahrer, heute scher ich aus.

Fahrt durch dunkle Stille, Sitz zurück gestellt,
nächste kleine Wehe, Kind will in die Welt.
Zweisamkeit wie selten, großer Augenblick,
Angst, Unwägbarkeiten, Vorahnung von Glück.

Ankunft in der Klinik, Schwester voller Ruh´.
Gut versorgt, behütet, Vertrauen steigt im Nu.
Mutter voller Schmerzen, Kind will in die Welt,
hilflos ihr zur Seite, nur die Hand, die hält.

Beten, hoffen, bangen, niemand der dich sah,
nach sehr schweren Stunden bist du endlich da.
Auf dem Bauch der Mutter, Wunder klein und bloß,
Tränen voller Freude- Schöpfer du bist groß!

Eins

Kleiner süßer Junge du,
raubst uns Schlaf und oft die Ruh´.
Doch mit deinen blauen Augen,
die zum Herz erweichen taugen,
schaust du uns vertrauend an,
wer sich da wohl wehren kann?
Jedes Ding, von dir entdeckt,
wird getestet, wie es schmeckt,
jedes kleine Einerlei,
entlockt dir einen Freudenschrei.
Ach, wie sind wir reich beschenkt,
auf das Wahre umgelenkt.
Du bist unsere Glückserfüllung,
des Lebenssinnes Planenthüllung.
Ein Sonnenschein, das sollst du werden,
wie alle Kinder hier auf Erden,
die Gott den Eltern hat gegeben,
zur weisen Führung in das Leben.
Die Straße wollen wir dir zeigen
und deinen Platz im Lebensreigen.
Den Weg mit Löchern und mit Rissen,
wirst du alleine gehen müssen.
Doch immer sind wir für dich da,
als Pannenhelfer dir ganz nah
und kleiner Mensch, vergiss es nicht,
wo Schatten ist, da ist auch Licht.

Bist du dann groß, dann denk zurück,
schaust du auf Kindheit voller Glück,
dann sollst du dieses weiter geben,
führst du einst Kinder in das Leben.

Zwei

Nun bist du da, du kleine Fee,
mit Herzensbrecherblick.
Wenn wir in deine Augen schau'n,
zerspringen wir vor Glück.
Wir knuddeln dich, sind voller Dank,
wie schön dich zu erleben.
Was kann es Größeres auf dieser Welt
für einen Menschen geben?
Hast Händchen zart wie Buttercrem
und Augen, kugelrund.
Ganz winzig kleine Erbsenzeh'n
und einen Schmollemund.
Du Wonneproppen, liebstes Herz,
du lächelst still uns an,
lachst über jeden dummen Scherz,
mit Mündchen ohne Zahn.

Spielst mit den Engeln, wenn du schläfst,
du kommst ja grad von dort,
bringst uns ein klitzekleines Stück,
von jenem schönen Ort.
Es ist gleich vier, es wird gleich hell,
du nuckelst froh dein Essen,
geliebtes kleines Wesen du,
nie will ich das vergessen.
Gehst du einst fort und strauchelst mal,
stehst du vor hoher Wand,
dann komm zurück ins Elternhaus,
hier hilft dir jede Hand.

Drei

Schlafarm geht die Nacht vorbei,
Fläschchen geben um halb drei,
dir, herzallerliebster Grund,
mit dreifach wohlbekanntem Mund.
Hast uns lange warten lassen
um dich Glück beim Schopf zu fassen.
Du machst unser Haus komplett,
wir sind A und du das Z.
Jeder streichelt sanft dein Haar,
werden daraus Locken gar?
Kuschelweiche Pfirsichhaut,
Eltern schon leicht angegraut,
wollen dich vor Glück zerdrücken,
voller Stolz und voll Entzücken.

Schwester streichelt dich ganz zärtlich,
Bruder drückt dich spielgefährtlich.
Fröhlich nimmst du das entgegen
süßer dritter Kindersegen.
Bist ein Wunder, kleine Fee,
von der Nase bis zum Zeh.
Uns bleibt nur an allen Tagen
für das Trio Danke sagen.
Dir sei auch ins Buch geschrieben,
dass wir dich unendlich lieben
und egal, was einst passiert,
jeder Weg nach Hause führt.
So, du warst der letzte Streich,
denn wir sind nun kinderreich
und voll Wehmut wird uns klar,
das ist nicht ewig fortsetzbar.

Lob

Kritik ist immer schnell zur Hand
im leistungsorientierten Land.
Man sieht die schwachen Seiten nur
ist immer Fehlern auf der Spur.
So wird auf dieser Welt vergessen,
ein Kind als Kind nur zu bemessen.
Ein Kind, auf Fehler nur verwiesen
fühlt sich am Ende ähnlich diesen.
Das was du machst, das ist ganz schlecht
verurteilt man es selbstgerecht.
Dann denk' daran, die Seele lacht,
sagst du: Das hast du gut gemacht!

Wahrer Reichtum

Keinen Goldschmuck um den Hals,
aber kleine Hände.
Keinen Kunstschatz im Regal,
aber Märchenbände.
Keinen Flitzer vor der Tür,
ganz viel Kindersitze,
keinen Aktien im Depot,
aber Kinderwitze.
Keinen Urlaub auf Hawaii,
aber täglich Spiele,
keine Zeit fürs Internet,
aber für Gefühle.
Keinen Goldschatz auf der Bank,
viele Kinderschätze,
keine Events lange Zeit,
aber erste Sätze.
Keine Pferde und kein Pool,
aber viel Vertrauen,
keine Schlösser und kein Park,
aber Lego bauen.
Keine Zeit für „Fit und Fun",
Zeit für Kinderstunden.
Denn du hast sie nur ganz kurz,
schon sind sie verschwunden.

Engelsperspektive

Weihnachten im Pappkarton,
Pedro kennt das immer schon,
Trost gibt nur die Klebstoffflasche
für die Kinder in der Asche.
Weihnachten im Müll zu wühlen
ließ Luzie niemals Liebe fühlen,
denn ein Leben zählt nicht viel
in den Slums auf Großstadtmüll.
Weihnachten missbraucht, benutzt,
Phon wird täglich neu beschmutzt,
nur das Geld und Triebe zählen,
Männer töten Kinderseelen.
Weihnachten am Straßenrand,
Enrique ist das wohlbekannt,
ohne ihn besteht kein Morgen
er muss für die Seinen sorgen.
Weihnachten im Herrenhaus,
Anibal riss einfach aus,
im Gefängnis dann zerstört,
niemand, der die Schreie hört.
Weihnachten als Kind-Soldat,
abgerichtet und knallhart,
Kinder, Opfer und auch Täter,
keine Hoffnung auf ein Später.

Weihnachten am Bahnhof Zoo,
stille Nacht, doch niemand froh.
Lina braucht den nächsten Schuss
für den sie sich verkaufen muss.
Recht auf Freiheit, Würde, Schutz,
versinkt im Müll und Gossenschmutz.
Diese Welt braucht Herz und Hände
sonst kommt niemals eine Wende.
Weihnachten im reichen Land,
wir sind Jesus Fuß und Hand,
nutzen wir die Weihnachtszeit
zum Kampf für mehr Gerechtigkeit.

Schöpfung bewahren

Das Rauschen des Meeres,
ein singendes Kind,
die Sonne am Morgen,
der säuselnde Wind.
Die Lieder der Vögel,
die Muscheln im Sand,
die blühende Rose,
das duftende Land.
Die tönende Geige,
der fallende Schnee,
der schleichende Nebel,
der glücksgrüne Klee.
Der Wal in den Meeren,
die Wüsten der Welt,
der hellblaue Himmel,
ein blühendes Feld.
Die Sterne die leuchten,
ein glitzernder Stein,
der Wald in den Tropen,
der kühlende Hain.
Die Wunder der Erde
hat Gott uns geschenkt,
den Blick auf die Schönheit
der Schöpfung gelenkt.
Wir sollen bewahren,
doch noch sind wir blind.
Beschütze die Erde:
Es ist für dein Kind!

Seelentöter

Kind, von Gott der Welt geschenkt,
was ist dir passiert?
Hat dich niemand je umarmt,
zärtlich dich berührt?
Wurdest du nur abgelehnt,
selten anerkannt?
Kanntest du nur Hohn und Spott
und die harte Hand?
Wurdest du indoktriniert,
keinen Tag gelobt?
Hat der Zorn, die kalte Wut
schon in dir getobt?
Wurde deine Seele hart,
Leben dir vermiest,
dass du heute gnadenlos
selbst auf Kinder schießt?
Leben ohne Höhepunkte,
sinnenentleertes Sein.
Plötzlich lädt man auf der Straße
dich zum Himmel ein.
Paradies wird dir versprochen,
wenn der Führer ruft.
Du musst viele Menschen töten,
spreng dich in die Luft.
Jemand hört dir endlich zu
und du lauscht gebannt.

Endlich mal hat dich ein Mensch
einen Held genannt.
Endlich einmal wichtig sein,
endlich mal ein Sieger,
endlich Macht und Herrenmensch,
endlich Gotteskrieger.
Doch du wirst nur seelenlos,
machst den Nächsten klein,
um in deiner Zwergenwelt
leidlich groß zu sein.
Mit der Waffe in der Hand,
grausam und brutal,
meuchelst du die Schwachen hin,
das ist dir egal.
Mensch, du könntest auf der Welt,
soviel Gutes tun,
doch das Gift in deinem Kopf
macht dich menschimmun.
Mensch, verblendet durch den Hass,
bringst nur Tod und Leid,
warum schenkst du Rattenfängern
deine Lebenszeit?
Mensch, das war nicht Gottes Plan.
Kamst als Kind zur Welt.
Nie trägt Hass den Sieg davon,
denn nur Liebe zählt.

Von Kindern lernen

Du stellst der Welt die wahren Fragen,
entdeckst sie neu an allen Tagen,
du heuchelst niemand etwas vor,
bist ehrlich, offen, hast Humor.
Du feierst noch den Sonnenschein,
kannst tief von Herzen glücklich sein,
du achtest alle Kreaturen
und lebst dein Leben nicht nach Uhren.
Du siehst die vielen Abenteuer,
in dir brennt noch das Neugier Feuer,
du schenkst die Liebe ohne Schranken,
du gibst, du nimmst, kannst bitten, danken.
Ein Wurm beschäftigt dich für Stunden,
ein Stein heißt für dich Glück gefunden,
zum Nächsten willst du Brücken bauen,
bist noch voll Unschuld und Vertrauen.
Beim Weinen weinst du echte Tränen,
auf Lügen folgt sogleich das Schämen.
Den, den du drückst, den hast du gerne,
bewunderst Sonne, Mond und Sterne.
Du liebst es durch das Gras zu rennen,
in dir kann man noch Gott erkennen.
Noch sehe ich dich fröhlich lachen,
was wird die Welt wohl aus dir machen?

Spaziergang

Als ich so ging durch Wald und Flur,
genießend blühende Natur,
da sah ich Müll und Plunder.

Als ich so blätterte in einem Heft
aus einem „Eine Welt Geschäft",
da sah ich viele Wunder:

Ein Roboter aus alten Drähten,
den Lumpenball, den selbst genähten,
ein Auto aus drei Cola Dosen,
ein Clown mit Tragetaschenhosen.

Als ich so ging durch Wald und Flur,
genießend blühende Natur,
begann ich mich zu schämen.

Weil irgendwo auf dieser Welt,
ein Kind von Gott dorthin gestellt,
mit Müll muss vorlieb nehmen.

Kindheit?

Ein Kind, der Schule noch recht fern,
das spielte, tobte, lachte gern.
Die Eltern, voller Förderwut,
die fanden das nicht lange gut.
Für jenes Kind begann fortan
der Pisaspätfolgbildungswahn.
Von acht bis zehn zur Zwergenrunde,
von zehn bis elf Computerstunde,
von elf bis dreizehn Geige spielen,
bis vierzehn Uhr auf Tore zielen.
Dann durfte kurz das Essen munden,
ab fünfzehn Uhr gab´s Reiterstunden,
danach die kreative Pause,
gefolgt vom „Englischkurs zu Hause".
Das Lesen musste es erlernen,
die Namen kennen von den Sternen.
Es lernte Rechnen, Stricken, Schwimmen,
sich selbst auf Leistung nur zu trimmen.
Ein Kind das hatte kaum noch Zeit,
geopfert Elterneitelkeit.
Es wurde bald, was viele sind,
ein Lernterminkalenderkind.
Das Wichtigste blieb auf der Strecke:
Das Spiel mit Kindern um die Ecke.

Loslassen

Noch eben trag ich dich im Arm,
bin glücklich stolz und froh,
schon machst du dich ins Leben auf,
das kommt wohl immer so.
Kaum werden deine Wurzeln stark,
durch pflegen, düngen, gießen,
sieht man auf deinem Rücken schon
ganz kleine Flügel sprießen.
Noch eben hast du mich gedrückt,
geknuddelt und geküsst,
gehst du mir zwanzig Schritt voraus
weil's dir so peinlich ist.
Unendlich hast du mir vertraut
und hingst an meinen Lippen,
nun lässt du jeden guten Rat
tief in den Abgrund kippen.
Noch eben hast du mich geliebt
von ganzem Kinderherzen,
schon lassen Trotz und Renitenz
die Elternseele schmerzen.
Kaum schließt sich hinter dir die Tür
beginne ich zu lernen:
Ich greife traurig nach dem Wind
und du jetzt nach den Sternen.

Liebesriese

Ich habe mich zu dir gebückt,
du hast mich zärtlich fest gedrückt.
Du bist ein Riese der Gefühle,
wir „Großen" haben nicht mehr viele.

Das Wachsen in den Lebensgärten
ließ unsere Seelen arg verhärten.
Doch du Kind, lehrst mich neu zu lieben,
mit Sanftmut Zärtlichkeit zu üben.

Lässt mich im Buch der Kindheit lesen,
da ist doch irgendwas gewesen,
was tief verschüttet schlummert dort,
befreit durch dich, dein stilles Wort.

Wie oft hast du mir schon bewiesen,
beim Lieben sind die Kinder Riesen.
Und wir? Wir haben nur vergessen,
die Schätze, die wir einst besessen!

Da sein

Du kannst sie nicht halten,
sie gehen doch fort
und manchmal an einen
ganz finsteren Ort.
Sie fliegen von dannen,
hinaus in die Welt,
sie hören dein Wort nicht,
weil Anderes zählt.
Sie machen dich glücklich
und traurig zugleich,
schnell ist sie verschwunden
die Kindheit so reich.
Du kannst sie nicht halten,
denn sie sind nicht dein,
sie müssen sich lösen
und lassen allein.
Doch wie einst der Vater
den Sohn gehen ließ
und trotz seines Wandels
niemals ganz verstieß,
so bist auch du wichtig,
egal was geschah,
Gott bittet dich innig:
Sei nur für sie da!

Momentaufnahme

Wie schnell die Zeit vorübergeht,
in der du uns beglückst
und mit der Sicht, wie du es siehst,
die Welt dir richtig rückst.

Wie schnell die Zeit vorübergeht,
in der du Wunder siehst
und hinter Masken dieser Welt
die reine Wahrheit liest.

Wie schnell die Zeit vorübergeht,
in der du endlos fragst
und völlig ohne jede Scham
noch Widersprüche wagst.

Wir schnell die Zeit vorübergeht,
in der du innig spielst
und nicht nach Ruhm und Macht und Geld
bei deinen Taten schielst.

Wie schnell die Zeit vorübergeht,
man glaubt nicht, wie sie rennt,
drum schließen wir ihn in das Herz:
Den kindlichen Moment.

Vorbei

Der Stein, den wir gefunden haben,
beim durch den Sand nach China graben.
Die Witze, die wir uns erdachten
und bis die Tränen kamen, lachten.
Die Wunder, die wir neu entdeckten,
die sich in der Natur versteckten.
Die Bücher, die wir beide lasen,
tief in den Seiten mit den Nasen.
Die Spiele, die wir beide spielten
und uns für andere Wesen hielten.
Die Kämpfe, die wir beide führten
und oftmals unsanft uns berührten.
Die Lieder, die wir beide sangen
und dabei hüpften, tanzten, sprangen.
Die Fragen, die wir diskutierten,
die uns zu neuen Ufern führten.
Das alles ist so schnell vergangen,
kaum hat dein Leben angefangen.
Du großer Mensch, wo ist mein Kind?
Erinnerung macht die Augen blind,
an Zeiten, die ich mir ersehne
im Spiegelbild von einer Träne.

Warum?

Ein Kind, das unter Schmerz geboren
als Licht kam in die Welt.
Ein Kind, das alle Liebe Gottes
noch in den Händen hält.
Ein Kind, von Eltern wohlbehütet,
bei Tag und auch bei Nacht.
Ein Kind, durch Wärme, Liebe, Güte,
auf seinen Weg gebracht.
Ein Kind, das fröhlich tobt und lacht,
das jeden Tag genießt.
Ein Kind, das voller Lebensfreude
in Gottes Schöpfung liest.
Ein Kind, das nicht verstehen kann,
noch eben Spiel und Spaß.
Ein Kind, das nun umgeben ist
von Töten und von Hass.
Ein Kind, das sinnlos und brutal
sein Leben früh verliert.
Ein Kind, geopfert Satans Zielen,
der böse Diener führt.
Ein Kind, ein Schicksal unter vielen,
vergessen und verdrängt.
Ein Kind, das größte aller Wunder,
an uns von Gott geschenkt.

Ein Kind, von Menschen umgebracht,
die selber Kinder waren,
die von Tyrannen aufgehetzt,
in Satans Spuren fahren.
Ein Kind, das an die Erdenbürger
die stille Frage stellt:
Warum folgt ihr nicht Jesus Worten,
der diese Welt erhellt?
Ein Kind, getötet ohne Sinn,
am Grab, die Eltern, stumm.
Ein Kind, dem Götzen Krieg geopfert:
Wie sinnlos und warum?

(In Gedenken an alle unschuldigen Menschenkinder
aller Kriege)

Kinderschreck

Papa kommt mal früh nach Haus,
zieht sich schnell die Jacke aus,
liest ein Buch vor, betet dann,
damit das Kindlein schlafen kann.

Kind hat Angst in Dunkelheit,
Papa nimmt sich Zusatzzeit,
trotzt den Ängsten ganz gelassen,
verspricht, die Tür noch auf zu lassen.

Schnell noch unters Bett geschaut,
Kuschelhöhle dann gebaut,
Plüschtier mit hinein genommen,
so jetzt kann der Sandmann kommen.

Hier ein Knirschen, da ein Knacken,
Haare sträuben sich im Nacken.
An den Rollos rüttelt Wind,
stört den Schlaf des bangen Kind.

Schatten tanzen an der Wand,
Fensterbild wird Monsterhand.
Jetzt geht jemand mal aufs Clo,
Licht geht an, das Kind ist froh.

Stille tritt dann wieder ein,
Kind fühlt wieder sich allein.
Auch der Teddy hilft nicht viel
kommt der Nachtschreck mit ins Spiel.

Genauso ging es früher mir,
darum, das versprech´ ich dir,
werde ich dein Rufen hören,
darfst uns gerne abends stören.

Denn die vielen Schlafstörgeister
finden blitzschnell ihren Meister,
flüchten wenn die Eltern kommen
und du wirst in den Arm genommen.

Als Retter stehen wir bereit,
denn kurz nur ist mit dir die Zeit.
Der Fernsehabend fällt halt aus,
weil wir dich lieben, kleine Maus.

Memory

Versteckt im Hirn, in Zelle vier,
da fand ich doch, so denke dir,
verstaubt und lange schon verblasst,
an was du mich erinnert hast.

Das kam, weil deine Kinderhand,
die Nähe meiner Nase fand
und der Geruch warf mich zurück,
zu Gras, Kamellen, Sandbergglück.

Zu Pippi Langstrumpf, Bullerbü...
mein Dank für dieses Memory.
Ich hatte das schon fast vergessen,
drum darfst du heute schmutzig essen.

Gott weint

Mein Kind, du lächelst still zurück,
schenkst mir am Morgen pures Glück.
Das macht das frühe Rufen wett,
steh ich um fünf an deinem Bett.

Du drückst dich an mich, kuschelweich,
machst mich am frühen Tag schon reich,
versuchst die Wange anzubeißen,
mein Herz will fast vor Liebe reißen.

Du bist noch rein und ohne Schuld,
wie Gott dich sandte voller Huld.
Doch viele kommen nicht zur Welt,
die anderes für mehr Wert hält.

Wärst du nicht da, dann fehltest du,
das rufe ich den Menschen zu,
die sich entscheiden gegen Leben
um Zeitgeistblendern nachzugeben.

Opa sein

Es ist ein Privileg und fein,
für Kinder Opa nur zu sein.
Ein Papa, der muss oftmals schimpfen,
fährt sie zum Arzt und lässt sie impfen.
Ein Opa aber spielt mit ihnen,
liest Bücher vor, schält Apfelsinen.
Ein Papa stiehlt sich etwas Zeit,
steht selten mal für Spaß bereit.
Ein Opa, der hat Altersgüte
und eine Gummibärchentüte.
Ein Papa, der hat das Bestreben,
den Kindern Obst als Snack zu geben.
Ein Opa, der schläft morgens aus,
trinkt Kaffee und geht kurz ums Haus.
Ein Papa, der wird früh geweckt
und von den Kindern aufgeschreckt.
Ein Opa nimmt den Hut und geht,
sind Kinder völlig abgedreht.
Ein Papa, der muss das ertragen
an vielen grauen Alltagstagen.
Letztendlich aber bleibt zurück
ein Papa- und ein Opa-Glück.
Der Reichtum, den die Kinder geben,
wird so zu jeder Zeit im Leben,
ein Schatz, der unbezahlbar ist,
wenn man ihm Wichtigkeit beimisst.

Oma sein

Eine Oma, das ist klar,
ist für Kinder wunderbar.
Sie steht stets bei Not bereit,
denn sie hat ja jetzt mehr Zeit.
Früher hieß es sorgen, sorgen,
ach, was koche ich nur morgen?
Schularbeiten überwachen
und noch tausend andere Sachen.
Manchmal wird das Herz ihr schwer,
denn das Haus ist ja nun leer.
Doch wenn ihre Enkel kommen,
wird der Schwermut ihr genommen.
Omas kochen tolle Sachen,
spielen, lesen, basteln, lachen.
Trösten, ist das Kind gefallen,
lassen frohe Lieder schallen,
drücken, knuddeln, sind so weich
und ihr Herz von Liebe reich.
Ist der Akku einmal leer,
sehnt die Oma sich schon sehr.
Kommt dann so ein Herzensdieb
sagt ganz zart: „Ich hab dich lieb",
reicht das bis zum nächsten Mal,
je nachdem nach Enkelzahl.
Omas sind ein Ruhepol.
Für die Enkel Seelenwohl.
Darum ist ein Glück auf Erden
wenn die Mamas Omas werden.

Tag der Liebe

Taumelnd sinken Flocken nieder,
Kinder öffnen früh die Lider,
freuen sich, es ist soweit,
endlich Schluss mit Wartezeit.

Kerzenschimmer, wohlig warm,
Wintermorgen voller Charme,
Kinderaugen, randvoll Glück
bringen alte Zeit zurück.

Lichter spielen an der Decke,
Plätzchenduft in jeder Ecke,
warme Brötchen, warme Herzen
lassen kurzen Schlaf verschmerzen.

Leise rieselt draußen Schnee,
drinnen wärmt Kakao und Tee,
froh erklingt ein Weihnachtslied,
Gemütlichkeit, wohin man sieht.

Frieden streift ganz kurz die Welt
die mit Hetzen innehält
und die Kinder könnten schwören,
dass sie leise Glocken hören.

Letzte Nüsse in die Schale,
letzte Weihnachtsrituale.
Bäumchen leuchtet voller Pracht,
sie kann kommen, stille Nacht.

In den Zimmern Bratenduft,
Weihnachtsknistern füllt die Luft,
endlich ist es dann soweit,
die Bescherung steht bereit.

Fröhlich packt man Gaben aus,
Freudenschrei, Spontanapplaus,
glücklich leuchten Kinderwangen
in der Kugeln Glanz gefangen.

Dann heißt es am Festmahl laben,
Kinder die kein Sitzfleisch haben
pendeln zwischen Tisch und Baum,
Hunger haben sie heut' kaum.

In die Kirche zieht es Leute,
selten ist sie voll wie heute
an diesem wunderbaren Tag,
den jeder, der ein Herz hat, mag.

Durch Schnee und Eis zurück nach Haus,
noch etwas Wein, die Lichter aus.
Die Kinder geben endlich Ruh',
die Elternaugen fallen zu.

Der Frieden dieser stillen Nacht
begann in heller Festtagspracht.
So nehmt das Licht der Weihnachtskerzen
für jeden Tag mit in die Herzen.

Dann wird die Zeit, die alle eint,
die Spur, wie Gott den Menschen meint,
dann reichen wir dem Leid die Hand
und niemand steht allein am Rand.

Zum Schluss

Ein Buch, hat man es durchgelesen,
nimmt manchmal Einfluss auf das Wesen.
Wenn jemand schreibt, will er das Denken
in Richtung seiner Meinung lenken.
Die Zeilen können sehr berühren,
zum Guten oder Bösen führen.
Sie lassen große Dinge starten,
und können lehren und beraten.
Legst du nun dieses Buch zur Seite,
dann hoffe ich, dass es dich leite,
auf deinem Weg der Lebensroute
zu suchen immer nur das Gute.
Wir haben Arme zum Umarmen
und Seelen die sich Leid erbarmen.
Wir haben Augen hinzusehen
und nicht den Kopf rasch wegzudrehen.
Wir sind geboren, um zu lieben,
das Böse aus der Welt zu sieben.
Das soll nun auch das Schlusswort sein,
nun lasse ich dich still allein
und möchte dir den Rat noch schenken:
Vergesse niemals selbst zu denken,
doch höre manchmal auf den Bauch
und lehre das den Nachwuchs auch.

Da brachte man Kinder zu ihm, damit er ihnen die Hände auflegte. Die Jünger aber wiesen die Leute schroff ab. Als Jesus das sah wurde er unwillig und sagte zu ihnen: „Lasst die Kinder zu mir kommen; hindert sie nicht daran. Denn Menschen wie ihnen gehört das Reich Gottes".

Markus 10 13-14

WIR

können uns beteiligen,
die Welt zu verändern –
fangen wir bei Kindern an.

COMPASSION DEUTSCHLAND

www.compassion-de.org